AF599889

¿QUÉ HARÍAS SI YO MURIERA?

MIGUEL Á. GONZÁLEZ

¿QUÉ HARÍAS SI YO MURIERA?

XLIII Premio de Poesía Ciudad de Badajoz

VISOR LIBROS

VOLUMEN MCCLXVII DE LA COLECCIÓN VISOR DE POESÍA

Un jurado compuesto por Faustino Lobato Delgado, Juan Manuel Cardoso, José Antonio Ramírez Lozano, Jon Juaristi, Julia Barella y Raquel Lanseros, concedió a la obra titulada *¿Qué harías si yo muriera?*, de Miguel Ángel González, el XLIII Premio de Poesía Ciudad de Badajoz, que fue convocado por el Excelentísimo Ayuntamiento de Badajoz.

Ayuntamiento de Badajoz

Isaac Peral, 18 - 28015 Madrid
www.visor-libros.com

ISBN: 979-13-87745-67-7
Depósito Legal: M-6423-2025

Impreso en España - Printed in Spain
Gráficas Muriel. C/ Investigación, n.º 9. P. I. Los Olivos - 28906 Getafe (Madrid)

A mi abuelo,
que me enseñó a
contar mentiras

¿Qué harías si yo muriera?
Si tú murieras, yo también
querría morirme.

CORMAC MCCARTHY.
La carretera

¿QUÉ HARÍAS SI YO MURIERA?

Dijo que la cosa no tenía buen aspecto
dijo que había contado treinta y dos en un pulmón y
dijo lo siento mucho dijo
me hubiera gustado tener otras noticias que darle
y añadió algo
que no entendí y no sabiendo qué más hacer
me puse de pie y le tendí la mano al hombre
que acababa de decirme lo que nunca nadie me había dicho
puede que incluso le haya dado las gracias por costumbre.

RAYMOND CARVER.
Lo que dijo el médico

A Samuel se le rompió el ligamento de la rodilla
y luego se le murió un hijo.
En ese orden.
Samuel juega al frontenis como vive,
despacio.
Tiene sesenta y nueve años y le falta un ligamento.
También le falta un hijo.
Juega caminando porque ya no puede correr.
Algunas veces lo intenta, pero no sirve de mucho.
Corre balanceándose de un lado a otro,
como un carro de supermercado
que alguien hubiera arrojado

escaleras abajo.
Le quitaron el ligamento de su rodilla derecha,
pero le sigue doliendo, aunque ya no esté.
Como su hijo.
Cuando habla de él siempre dice los años que tendría
si continuara vivo.
Dice: «El jueves Javier cumpliría treinta y dos».
A Javier lo mató un cáncer de pulmón con veintinueve
años.
No fumaba, pero se murió igual.
Sus padres lo acompañaron a la consulta porque estaba
asustado.
Me los imagino allí a los tres,
sentados muy juntos,
escuchando al médico diciéndoles que aunque
Javier solo tuviera veintinueve años
y aunque no fumara, se iba a morir igual.
Me lo imagino sujetando una radiografía y
señalando el tumor con la punta de un bolígrafo
serigrafiado con el nombre del hospital.
O peor aún,
un bolígrafo de publicidad,
uno de esos bolígrafos que te regalan en las
gasolineras
o en los supermercados o en los mítines políticos o en
IFEMA.
O en un estanco.
Un bolígrafo de plástico con el logotipo de Camel,
o el de Marlboro, o el de Fortuna, o el de Lucky Strike.
Aunque Javier no fumase.

Aunque no lo hubiera hecho nunca.
Me los imagino a los tres escuchando en silencio
y dándole las gracias al médico.

Como en el poema de Carver.

Supe que la gente se moría
cuando el portero del edificio en el que vivía
se cortó las venas frente a mí.
Estaba con unos amigos.
Teníamos ocho años, o diez, o tal vez nueve.
Da un poco lo mismo.
Se sentó en un banco de madera y nos miró
durante un rato jugar al fútbol.
Luego sacó la navaja con la que cada tarde
se preparaba el bocadillo en su rato de descanso
y se hizo varios cortes en las muñecas.
Colocó los antebrazos sobre sus rodillas
y esperó pacientemente a que la sangre manara
gota a gota
hasta morir.
Era oscura y caía despacio.
Como el café de la mañana.

Samuel bebe como juega,
como vive. Dando sorbos cortos. Y lentos.
Lo escucho hablar y guardo silencio,
pero pienso que su hijo muerto es un poco como aquella
    sangre:
se cuela en nuestra conversación

gota a gota,
mientras hablamos de la lotería de Navidad,
y de si el Girona conseguirá ganar la liga,
y mientras pedimos una ración de sepia.
Javier los llamó de madrugada,
había pasado horas vomitando y estaba asustado.
«El resto de la historia ya la conocéis», nos dice Samuel.
Pero lo cierto es que conocemos toda la historia.

Hay otro poema, también de Carver,
que habla del miedo a las llamadas nocturnas.
El miedo al teléfono que suena en medio de la noche
y el miedo de la mano que titubea antes de descolgar.
Nadie te llama a las tres de la madrugada
para preguntarte cómo estás.
Nadie te llama a las tres de la madrugada
para invitarte a una fiesta o a un concierto o al teatro.
«Mi hija estuvo enferma el mes pasado», les cuento.
Estaba con su madre y fue ella la que me llamó de madrugada.
Vomitaba sin parar y nos asustamos.
Al final resultó ser un virus.
Algo sin importancia. Solo eso.
No sé por qué lo he dicho en voz alta.
Al terminar la historia me siento avergonzado
porque, en cierta forma, es como si estuviese
comparando la gastroenteritis de mi hija con
la muerte de Javier.
«¿Cuántos años tiene?», me pregunta Samuel.
«Siete», respondo.

Sonríe al escucharme.
«Aprovéchala, el tiempo pasa deprisa; muy deprisa», me asegura.
Y cuando termina de hablar
da un trago a su cerveza tostada sin alcohol.

Lo hace despacio; muy despacio.

UNA CADENITA DORADA

¿Te he dejado alguna vez?
Me has dejado marchar.

SAMUEL BECKETT.
Esperando a Godot

Mi momento favorito de *Esperando a Godot*
es aquel en el que Pozzo pierde su reloj.
Un reloj caro.
De oro.
Con una cadenita dorada.
También de oro.
Y Estragón y Vladimir,
que no tienen nada mejor que hacer
porque pasan sus días
esperando a un hombre que nunca llega,
deciden ayudarlo.
Y los tres hombres caminan de un lado a otro del escenario.
Al principio es como si fuera un juego,
buscan y ríen,
pero pronto Pozzo les pide que presten más atención,
aclarándoles que se trata de un objeto de gran valor.
Un reloj caro.
De oro.
Con una cadenita dorada.

También de oro.
«Las cosas caras son valiosas», les dice.
Y Estragón asiente.
Y Vladimir asiente.
Y los tres hombres retoman la búsqueda.
Durante unos segundos no ocurre nada
hasta que Estragón cree haberlo encontrado.
O quizá es Vladimir.
Eso no importa demasiado.
«¡Escucho el tic-tac!», grita.
Y todos guardan silencio.
Caminan despacio, casi de puntillas,
hacia el lugar del que proviene el sonido.
Entonces, al descubrir que aquello que están escuchando
no es el tic-tac del reloj, sino que se trata
del latido del corazón de uno de ellos,
se decepcionan un poco.
Lo hacen porque el reloj es caro.
Muy caro.
De oro.
Con una cadenita dorada.
También de oro.
Y un corazón solo sirve para recordarnos
que estamos vivos.
Que podemos reír.
Que podemos llorar.
Que podemos enamorarnos.
Un corazón es algo que no puede comprarse.
Por eso no tiene ningún valor.
No como un reloj de oro.

Recuerdo la primera vez que fui a un entierro.
Recuerdo a mi madre frente al espejo del lavabo
abriendo y cerrando la boca una y otra vez,
como un pez que intenta respirar fuera del agua,
después de haberse pintado los labios
de color azul lapislázuli.
Recuerdo a mi padre buscando una camisa negra
sin encontrarla.
Y a mi hermano mascando chicle Boomer.
Recuerdo también el cementerio
y lo mucho que me impresionó
que el ataúd fuera colocado en un nicho,
que a mí me pareció una despensa gigante
o un zapatero
o cualquier otra cosa
que en nada se parecía a ser introducido bajo el suelo
como había visto que enterraban
a los personajes que morían en las películas.
Recuerdo cuando todo terminó,
regresábamos al coche caminando y
hacía tanto viento que la tierra se me metía en los ojos.
Entonces pensé que quizá por eso
ya no sepultaban a la gente bajo nuestros pies,
para que la mirada de los muertos no se cubriera de arena.
Recuerdo a mi madre anudándose un pañuelo al cuello
y asegurando que, de haber sabido de antemano
el tiempo que haría, no habría pasado
media mañana cepillándose el cabello.

Lo recuerdo todo de la primera vez que estuve en
un entierro.
Lo único que he olvidado es quién era la persona
fallecida.

PECES SIN ALMA

Franz Kafka escribió tres novelas,
pero no terminó ninguna de ellas.
Kafka escribía, pero no quería ser escritor.
Quizá le agotaba la idea de serlo,
o le atemorizaban las consecuencias,
o sencillamente le aburría escribir.
El caso es que, antes de morir, Kafka le pidió a su mejor amigo
que quemara todos sus escritos, que se deshiciera de ellos
y que no permitiera a nadie leerlos.
Su amigo le aseguró que lo haría, pero no cumplió su palabra.
Tal vez pensó que, si tantas ganas tenía de mandar a la hoguera sus textos,
bien podía haberlos quemado él mismo.

No es una mala reflexión.

La primera vez que le dije *te quiero* a una chica
no tenía muy claro lo que realmente significaba.
Lo había escuchado en televisión,
en esas películas en las que el héroe se marcha a combatir a la guerra

o en las que llega a casa y su enemigo ha disparado
 a su mujer
y esta yace en el suelo sobre un charco de sangre.
Entonces él se arrodilla junto a ella
y la abraza y la besa y repite que la quiere
una y otra vez hasta que ella muere.

Esa era la idea que yo tenía del amor.

El caso es que una tarde Julia y yo íbamos de la mano
 por la calle
y le dije que la quería,
y ella me dijo que eso era una tontería,
que quererse era una cosa seria
y que era una bobada decir *te quiero*
mientras paseábamos y comíamos patatas fritas con sabor
 a jamón
y bebíamos Coca-Cola.

Y yo le dije que estaba en lo cierto.
Y lo cierto es que estaba en lo cierto.

Julia y yo estuvimos juntos durante todo un verano.
Algo menos de cien días en los que paseábamos de
 la mano
hasta que nos sudaban los dedos,
y nos besábamos agarrados por la cintura
y tomábamos refrescos con azúcar y patatas onduladas.

Luego llegaron las lluvias y se nos terminó el calor.

Murió atropellada seis o siete años después de nuestra
relación.
Me lo dijo un amigo común
al que me encontré a la salida del cine.
«Me llamó su madre para contármelo», me explicó.
«¿Y por qué no me llamó a mí?», le pregunté.
Podía haber dicho cualquier otra cosa,
que lo sentía o que era una lástima o que me acordaba
muchas veces de ella.
Cualquier cosa, aunque no fuese cierta,
pero fue justo eso lo que dije:
le mostré mi sorpresa por no haber sido el receptor
de la llamada.
«Quizá no tenía tu número», respondió.
«Quizá», dije yo.

Julia murió atropellada por un coche
mientras intentaba llegar a la parada del autobús.
Corrió porque el autocar ya estaba allí, con las puertas
abiertas,
y ella pensó que tendría tiempo.

No quería perder el autobús y acabó perdiendo la vida.

Aquella noche,
la noche de la tarde en que me enteré de su muerte,
soñé con ella.
Imaginé que estaba a su lado en el momento del accidente
y que me arrodillaba junto a su cuerpo,
tendido en el asfalto sobre un charco de sangre,

y agarraba sus hombros
y colocaba con delicadeza su cabeza en mi regazo
y la besaba una y otra vez mientras le susurraba:
te quiero.
Entonces ella me miraba;
me miraba con sus ojos sin vida,
a punto de cerrarlos para siempre,
y no decía nada.
No lo hacía porque no era necesario pronunciar ni una sola palabra
para que ambos supiéramos que aquello sí era amor.
Me miraba y un segundo después cerraba los ojos,
y yo sabía que, después de aquello, su alma descansaría en paz para siempre.

Eso fue lo que soñé,
pero lo cierto es que su madre ni siquiera me llamó
para decirme que su hija había muerto atropellada
por correr hacia una parada de autobús
para no llegar tarde al trabajo.

Aunque mucha gente no lo sabe,
los instrumentos de cuerda pulsada también tienen alma.
Suele ser una espiga de madera situada a presión
entre la tapa y el fondo
que realiza una doble función:
por un lado, sirve para soportar la presión
que se ejerce sobre ellos al tocar notas agudas,
logrando que mantengan su forma intacta, sin deformaciones;

y, por otro, transfiere las vibraciones de la tapa al fondo,
consiguiendo ese sonido tan característico.

Se le llama alma a esa pequeña pieza de madera
incrustada porque,
de no tenerla, el instrumento emitiría una melodía sorda.
Hueca.
Muerta.

Yo de esto no tenía la menor idea,
pero lo descubrí anoche viendo un documental
sobre la vida del músico italiano Niccolò Paganini.

Mi amigo Pablo creía que los perros tenían alma.

Era mi único amigo; se llamaba Pablo
pero todo el mundo le llamaba Pablito.
Su padre era carpintero y algunas veces Pablito
llegaba a clase con virutas de madera pegadas al jersey
o a la mochila.
Tenía dos perros y pensaba que ambos poseían alma.
Lo creía con esa fe incondicional
que los argentinos le profesan a Maradona, a Borges
o a Cortázar.
Así que cuando uno de ellos murió
me pidió que le ayudara a enterrarlo.
Era sábado y hacía un calor sofocante.
Fuimos hasta la casa de sus abuelos,
situada como a unos ciento cincuenta kilómetros
de distancia,

para que su padre pudiera cavar una tumba en el jardín trasero.
Era una vivienda de una sola planta con la fachada de ladrillo.
A su padre le llevó un buen rato hacer un agujero
lo suficientemente profundo porque el suelo estaba seco y duro
y el animal era un pastor belga de veintitrés kilos.
El padre de Pablo también se llamaba Pablo,
pero nadie le llamaba Pablito.
Comenzó a clavar la pala con mucho ímpetu,
pero con el paso de los minutos fue perdiendo energía y dedicación.
Primero se quitó la camiseta, dejando su torso al descubierto,
y luego se detuvo varias veces para contemplar al perro
que estaba junto a él envuelto en una sábana blanca.
Dejaba de cavar y lo miraba,
como si no tuviera muy claro que el esfuerzo invertido tuviese un significado lógico.

Cubrir de tierra el agujero fue mucho más sencillo.
Pablo nos dejó a Pablito y a mí ayudarle.
Al principio nos reímos porque la arena levantaba una gran polvareda
que nos hacía toser y teñía nuestras manos y nuestra ropa de un tono rojizo.
Pero luego salió la abuela y nos preguntó si ya habíamos terminado,
y cuando Pablo le dijo que sí, se puso a rezar una oración.

Lo hizo muy seria. Compungida.
Mirando hacia el montículo
bajo el que se encontraban sepultados los restos del animal.
Y en ese momento Pablito recordó a su mascota
y tuvo que pensar que realmente tenía alma,
porque, de no ser así, su abuela no habría rezado una oración en su honor.
Así que se puso a llorar,
y yo también lo hice al verle,
aunque no tuviese demasiado claro
que eso del alma de los animales fuera cierto.

Cuando todo hubo terminado, merendamos rosquillas caseras de canela.
Las había hecho su abuelo siguiendo una receta ancestral
que, anteriormente, habían seguido su padre y el padre de este…
y así, generación tras generación.
Estaban deliciosas, pero Pablito y yo teníamos un nudo en la garganta
que nos impedía tragar, así que apenas probamos bocado.

Mi hija nos pidió un perro para su cumpleaños,
pero no le hicimos demasiado caso.

Hace siete meses mi hija cumplió cinco años
y su madre y yo le regalamos un pez.
Era naranja y estúpido.
Al principio no le prestó mucha atención

porque ella lo que realmente esperaba era un perro,
pero luego nos dijo que lo quería
y se pasaba las horas muertas sentada frente a la pecera
viéndole nadar de un sitio a otro.
Le puso un nombre que copió de una serie de dibujos
    animados
y le llamaba constantemente acercando sus labios al agua,
confiando en que el pez naranja y estúpido pudiera
    escucharla.

Murió dieciocho días después de forma trágica
al encajar sus branquias en una de las hojas de plástico
que servían para adornar la pecera.
No lo enterramos.
Lo arrojé por el inodoro mientras mi hija dormía.
Cuando se despertó preguntó por él.
Su madre le dijo que se había ido al cielo de los peces
y ella se pasó toda la mañana llorando,
negándose a desayunar.

Por la noche, antes de ir a dormir,
me preguntó si los peces tenían alma.
«No te preocupes, cariño. Ha sido un pez feliz, muy
    feliz», le dije.
Lo hice como si él mismo me lo hubiera confesado antes
    de morir.

Eso fue lo que le dije aquel día,
pero si me lo hubiera preguntado ahora,
después de haber visto el documental

sobre la vida del músico italiano Niccolò Paganini,
le habría dicho que no, que los peces no tienen alma,
pero los violines sí.

BIRDMAN

En la película *Birdman*,
de Antonio González Iñárritu,
Michael Keaton dice
que la fama es la hermana promiscua del prestigio.
O quizá lo dice Edward Norton.
No lo recuerdo.
Aunque supongo que el significado de la frase
sigue siendo el mismo más allá
del actor concreto que la pronuncie.

Yo no soy famoso,
pero algunas veces me gusta actuar como si lo fuese.
Un famoso al que nadie conoce.
Esta última frase tampoco es mía.
La leí en el libro *Lo que más me gusta es rascarme los sobacos.*
Un libro que no es un libro.
Un libro que es una larga entrevista
realizada por la periodista italiana Fernanda Pivano
al escritor Charles Bukowski.
En el libro que no es un libro
Bukowski cuenta que algunas veces,
en pleno estado etílico,
grita su nombre en voz alta
y repite una y otra vez

que es el escritor más famoso de su generación.
Entonces Linda Lee,
que es su esposa
y la persona que suele acompañarle en las borracheras
y en las resacas,
se ríe de él asegurándole
que es el único famoso del mundo
al que nadie conoce.
En el libro que no es un libro,
la anécdota se narra en presente.
Y es por eso por lo que yo también lo hago así,
aunque el encuentro entre la periodista
y el escritor se celebrase en 1982.
Y aunque Charles Bukowski lleve muerto desde 1994
y Fernanda Pivano desde 2009.
Linda Lee es la única de todos ellos que continúa viva.
La entrevista que se acabó convirtiendo
en un libro que no es un libro
tuvo lugar en 1982.
El año que yo nací.
Ese mismo año 1982, Julio Cortázar y Carol Dunlop,
ya ambos en la etapa final de su vida,
se montaron en una Volkswagen Combi destartalada
y recorrieron con ella la carretera que une París con
Marsella
escribiendo a su paso *Los autonautas de la cosmopista.*
También en 1982, a Gabriel García Márquez
le concedieron el Premio Nobel de Literatura por,
en palabras de la Academia Sueca,

«escribir novelas e historias cortas en las que lo fantástico
y lo real
son combinados en un tranquilo mundo de
imaginación rica,
reflejando la vida y los conflictos de un continente».

Yo no soy famoso.
Nadie me citará en un libro
dentro de dos o tres décadas
diciendo que nací en 1982,
el mismo año que Fernanda Pivano
le realizó una entrevista a Charles Bukowski,
y el mismo año que Julio Cortázar y Carol Dunlop
escribieron *Los autonautas de la cosmopista*,
y el mismo año que Gabriel García Márquez
obtuvo el Premio Nobel de Literatura.

La hija de Tristán Ulloa
y mi hija son compañeras de clase.
Coincidimos todos los días al dejarlas en el colegio
y a la hora de la salida cuando vamos a buscarlas.
El resto de padres y madres suelen observarle con atención.
Le miran mientras camina hacia la puerta de entrada
del centro
y cuando coge a su hija en brazos y la besa.
Le miran porque es famoso.
En su perfil de Instagram
acumula más de ciento veinte mil seguidores.
Cuelga fotografías
y escribe las descripciones en español y en inglés.

Lo hace así porque entiende que
entre esas más de ciento veinte mil personas
hay ciudadanos de diferentes partes del mundo.
Tristán Ulloa es famoso,
y a mí no me parece justo.
Tristán Ulloa no es más que un fantasma.
Un tipo que enseñó la polla en *Lucía y el sexo*
y luego desapareció.
Lo más probable es que aquella polla
ni siquiera fuese su polla.
Lo más probable es que aquella polla
fuese la polla de algún actor porno al que nadie conoce.
Si una tarde cualquiera sacase un Smith & Wesson
del bolsillo del pantalón
y apuntase con él a todos los padres
y madres
que esperan a sus hijos
y les dijese que la única forma de salvar su vida
fuese diciéndome el título
de las tres últimas películas
protagonizadas por Tristán Ulloa,
lo más probable es que la puerta del colegio
en el que estudia mi hija
y la hija de Tristán Ulloa
se convirtiese en una masacre.
Seguramente tendría que matarlos a todos
y después, si me hiciese a mí mismo la pregunta,
no me quedaría más remedio que colocarme el cañón en
    la sien
y volarme la tapa de los sesos.

Aun así, todos nos quedamos mirando a Tristán Ulloa mientras le vemos coger a su hija en brazos y besarla.

La fama es la hermana promiscua del prestigio.
Ya lo dijo Michael Keaton.
O Edward Norton.

YA CASI NADIE HABLA DE MARISOL

Estando contigo, contigo, contigo
de pronto me siento feliz,
y cuando te miro, te miro, te miro
me olvido del mundo y de mí.
Qué maravilloso es quererte así,
estando contigo, contigo, contigo
me siento feliz.

MARISOL.
Estando contigo

Hay una señora que vive en Valencia
y que asegura ser la verdadera Marisol.
La señora tiene unos setenta años
y una página web
que le ha diseñado su hijo el mayor;
un espacio virtual en el que cuelga
fotos y vídeos y textos que ella misma redacta.
Las fotos y los vídeos no son suyos.
Son de Marisol.
De la Marisol que todos conocemos,
la niña rubia de ojos azules
que hacía gorgoritos cuando decía:
«Hola, hola, hola, no vengas sola».
La señora de Valencia que tiene unos setenta años
y una página web que le ha diseñado su hijo el mayor

asegura que esas fotografías
y que esos vídeos son suyos.
Que la chica que aparece en ellas no es Marisol.
O que sí es Marisol.
Pero es que Marisol es ella.
Eso es lo que explica en su página web.
Lo asegura aunque no tenga pruebas,
aunque todas las imágenes
y todos los vídeos
que utiliza sean escenas de películas
o recortes de prensa.
No hay ni una sola fotografía
de la señora de Valencia cuando era pequeña.
No hay documentos con los que pueda demostrar
que la niña rubia de ojos azules
que hacía gorgoritos cuando decía:
«Hola, hola, hola, no vengas sola»
es realmente ella.

Lo sé porque estuve a punto de escribir un libro
contando su historia.

Al principio le gustó la idea,
pero todo se torció
cuando comencé a hacerle preguntas
para las que no tenía respuesta.

Lo más difícil de ser adulto
es reconocer que estás mintiendo,
sobre todo si la única persona
a la que quieres engañar es a ti misma.

A Marisol le robaron su infancia.
Eso es lo que todo el mundo dice.
Dicen que Pepa Flores creció deprisa
y que no pudo disfrutar de su niñez.

Lo más difícil de ser niño
es aprender a esperar.
Lo sé porque yo pasé la mayor parte de mi infancia
deseando que un coche fúnebre se cruzara en mi camino
para poder persignarme al verlo.
Eso hacían los mayores,
y yo, de pequeño, quería ser mayor.
Quería persignarme ante los ataúdes
y fumar Lucky Strike
y tener un coche de segunda mano
y dar vueltas por las calles de mi barrio
intentando encontrar un sitio donde estacionarlo.

Nos citamos en una cafetería.
En la terraza de una cafetería.
Estaba nublado,
pero ella no se quitó las gafas de sol.
Supongo que temía hacerlo
y que nadie fuera a reconocerla.
Pedí dos sobres de azúcar para el café,
y cada uno tenía una frase impresa.
La primera decía:
«Olvídate del mapa, pero no te olvides del tesoro».
Y la segunda:

«Que alguien conozca el futuro no significa que sea capaz
de cambiarlo».
Vacié los dos sobres
y usé una cucharilla para disolverlos en la leche caliente.
«No puedo quedarme mucho tiempo —me dijo—,
mi hijo me está esperando».
Me lo imaginé en su casa,
sentado en medio de una habitación austera
con una decoración pasada de moda.
Con un póster de Europe o de Milli Vanilli
pegado en la pared,
o con uno de esos abanicos gigantescos
sobre el cabecero de la cama.
Me lo imaginé allí,
sentado frente al ordenador,
diseñando una página web para un señor de Murcia
que aseguraba ser el verdadero Elvis Costello,
o para una señora de Castellón
que se hacía pasar por Tina Turner.
Era extraño escucharla hablar,
me recordaba a esas personas
que se dirigen a ti mientras intentan
encontrar algo dentro de un bolso
o de una mochila.
O como esa gente que revisa
los mensajes de su teléfono móvil
mientras simula escucharte.
Pidió agua con gas,
se la pusieron en un vaso con una rodaja de limón
y dos hielos que intentó sacar usando sus propios dedos,

pero no lo logró al primer intento
ni al segundo
ni al tercero,
y terminó desistiendo.
Me dijo que no estaba interesada en mi propuesta
cuando comencé a preguntarle por las fotografías;
por las imágenes en las que aparecía Marisol,
la Marisol que todos conocemos.
No hablamos mucho más.
Se levantó,
asumió que yo pagaría las bebidas,
y se dispuso a marcharse.
«¿Por qué lo haces?», quise saber entonces,
cuando asumí que todo estaba a punto de terminar.
Ella estaba de pie y yo sentado.
Imaginé que, desde su posición,
tenía que verme como se ve un maletero
al abrir el portón en una de esas películas de Tarantino.
«Ya casi nadie habla de Marisol»,
contestó a modo de despedida.
Y después se dio la vuelta y comenzó a caminar
hacia su casa, donde la esperaba su hijo el mayor,
sin girarse hacia mí ni una sola vez.

No lo hice.
En aquel momento ni siquiera me lo planteé.
Pero ahora, mientras escribo este poema,
pienso que, para darle un buen final,
hubiera estado bien preguntarle
a qué Marisol se estaba refiriendo.

PEZ LUNA

Me dijo que estaba enamorada y después lloró
de pena por mí o de alegría por ella, no lo sé.

ROBERTO BOLAÑO.
Llamadas telefónicas

Margot y yo solíamos vernos en mi casa.
Ella compartía piso con otras tres amigas y allí siempre
había demasiado ruido, demasiada gente y demasiado
humo.

Hicimos el amor de pie, en el pasillo.

Lo recuerdo porque la puerta del cuarto de baño estaba
abierta
y ambos giramos la cabeza
para ver nuestros cuerpos reflejados en el espejo del lavabo.

Después nos sentamos en el sofá,
ella fumó un cigarrillo y yo le propuse ir al cine.

Vimos una película antigua.
Una reposición en homenaje a su director,
que había fallecido veinte o treinta años atrás.
El director estaba muerto y la película hablaba de la muerte.

La protagonista era una mujer.
Una actriz. Una actriz interpretando a una actriz.
La historia comienza el día del estreno
de una obra de teatro que ella protagoniza.
A la salida, hay una muchedumbre deseando
conseguir una fotografía o un autógrafo.
Hay tanta gente que le cuesta llegar al coche
que está esperándola al otro lado.
Cuando ya lo ha conseguido,
una chica golpea con sus nudillos en la ventanilla.
Es una adolescente que sujeta un bloc de notas.
La actriz la atiende con amabilidad y le escribe una dedicatoria.
O quizá no. Quizá le pide al conductor que arranque
y la dejan allí. Esa parte no la recuerdo con claridad.
Pero lo realmente importante
es que la chica joven acaba sola en medio de la calzada,
y un coche se la lleva por delante.

Muere en el acto.

Margot había convivido con la muerte desde su infancia.
Eso fue lo que pensé al ver la secuencia del atropello.

La madre de Margot era una famosa soprano
que daba recitales por todo el mundo.
Falleció en un accidente automovilístico
cuando su hija acababa de cumplir seis años.
Era una cantante famosa
que había actuado en La Scala de Milán,

en el Royal Albert Hall de Londres
y en el Gran Rex de Buenos Aires,
pero se mató regresando de un concierto
celebrado a una veintena de kilómetros de su casa.

Supongo que eso fue lo que me hizo darle la mano
después de la escena del atropello.
Creo que le extrañó. Aquella era la primera vez
—desde el día en que nos conocimos—
que nos veíamos fuera de su casa o de la mía.
Nuestra relación era estrictamente física.
Así lo habíamos decidido ambos.
Follábamos y algunas veces ella se quedaba a dormir en mi cama
y otras se vestía y regresaba a su apartamento
con sus amigas, con su ruido y con su humo.
Pese a lo extraño de la situación, entrelazó sus dedos
con los míos y colocó ambas manos sobre su regazo.

La película era larga y, al final, nos sudaban las palmas.

A la salida le propuse ir a la playa.
Esa misma noche. En ese mismo momento.
«En poco más de tres horas habremos llegado», le dije.

Margot aceptó.
No trabajaba al día siguiente y le pareció una idea divertida.

Llegamos de madrugada.

Se quitó los zapatos, la camiseta y los pantalones.
No llevaba sujetador.
Salió corriendo y se metió en el agua sin esperarme.
Yo no lo hice.
Me senté sobre la arena y la miré.
No era fácil distinguir su silueta en la oscuridad.
No habíamos llevado toallas.
Me pidió mi abrigo para secarse con él;
el suyo lo había dejado dentro del coche.
Se lo puso, abrochándose la cremallera hasta el cuello,
y se acomodó a mi lado abrazando sus propias rodillas.
Mientras esperábamos a que se secara,
le hablé de los peces luna.

El pez luna suele pasar largas temporadas
en aguas profundas,
pero algunas veces asciende a la superficie
para sentir la calidez de su temperatura.
Cuando está allí debe tener cuidado,
ya que los tiburones intentan comerse sus aletas.
Si lo consiguen,
el pez luna desciende lentamente
hasta el fondo sin poder hacer nada para evitarlo,
muriendo de inanición en las profundidades del océano.
«Me gusta la imagen de una esfera blanca,
—le dije—, con sus ojos pequeños y negros muy abiertos,
hundiéndose despacio, asumiendo resignado su destino».

No me prestó demasiada atención.
Creo que fue porque estaba mojada y tenía frío.

Después le pregunté por su madre.
«No recuerdo gran cosa de ella
—me confesó—,
pero algunas noches, cuando no consigo dormir,
busco vídeos suyos en internet
y la escucho cantar hasta que me vence el sueño».
Le pedí que me pusiera uno.
Lo vimos en la pantalla de su teléfono móvil.
En la imagen, una mujer joven vestida de blanco
cantaba en medio de un escenario
iluminado únicamente por velas.

Margot tenía 28 años,
y la mujer del vídeo no parecía mucho mayor que ella.

Me pregunté cómo sería saber
que pronto envejecerías más que tu propia madre.

«¿Qué dice la letra?», quise saber.
«No lo sé —respondió—. Es italiano
y yo no hablo italiano», me aclaró.
«Es bonita», dije.
«Es bonita», dijo ella.
Y era verdad.
Era una canción bonita
y Margot era bonita
y su madre era bonita
y el escenario,
iluminado por cientos de velas,
también era bonito.

Entonces comencé a llorar.
No lo hice por la muerte de los peces luna,
ni por la muerte de la chica de la película
o la de su director.

Lloré por Margot y por su madre,
atrapada en la pantalla de un teléfono móvil,
intentando hablarle a su hija
en un idioma que ella no podía entender.

UNA PÉRDIDA DE TIEMPO

Me pararé en la esquina a la que no vendrás,
y diré las palabras que se dicen
y comeré las cosas que se comen
y soñaré los sueños que se sueñan
y sé muy bien que no estarás.
No estarás para nada, no serás ni siquiera un recuerdo,
y cuando piense en ti pensaré un pensamiento
que oscuramente trata de acordarse de ti.

JULIO CORTÁZAR.
El futuro

Se me ha ocurrido un relato que no voy a escribir.

Los relatos que no escribo
acaban convirtiéndose en poemas,
del mismo modo que las novelas que dejo a medias
terminan siendo relatos.
Mi literatura se devora a sí misma,
como esos influencers o esos youtubers
que practican la autofagia,
que no comen o no cenan
para pasar hambre y que las células más
poderosas de su organismo
devoren a las más débiles.

La vida real no se parece en nada
a una de esas dietas que hacen los famosos.
En la vida real son ellos,
los más débiles, los que sobreviven.

El relato que ya no voy a escribir
trataba de un hombre que se sube a un avión
con un destino cualquiera.
A México,
o a Guatemala,
o tal vez a Honduras.
O puede que a Venezuela,
o a Nicaragua,
o a Uruguay.
¿Por qué no Uruguay?

Lo realmente importante no es el destino.
Lo realmente importante es la diferencia horaria.

El hombre,
que a decir verdad podría ser una mujer,
baja del avión y comprueba que,
aunque su reloj de pulsera indica las ocho
o las nueve de la noche,
en Paraguay o en Bolivia
aún es de día.
Y entonces ese hombre,
o esa mujer, toma una decisión.
La toma porque sabe
que todo ese tiempo de más

que acaba de encontrarse
se desvanecerá al regresar a casa.
Así que decide no volver.
Decide instalarse en Costa Rica,
o en Panamá,
o en El Salvador,
y comenzar una nueva vida
solo para no tener que deshacerse
de esas horas de más
con las que acaba de encontrarse.

Y busca un nuevo empleo,
y se enamora
y tiene hijos
y hace todas esas cosas
que se supone que debe hacer una persona
para ser feliz.

Y es feliz.
Un tiempo.
Y al final se muere.
Como todos.

Porque en el fondo el relato no habla
de ese hombre, o de esa mujer.
Ni de Chile,
ni de Colombia,
ni siquiera de Haití.
El relato de lo que realmente habla
es del miedo al paso del tiempo.

Del miedo a la muerte.
Del miedo al olvido.
Como ese poema de Cortázar en el que cuenta
que lo peor de una ruptura sentimental
no es perder a la persona amada,
sino que lo más doloroso es saber
que, por mucho que la hayas querido,
un día olvidarás cómo era su voz,
y el tacto de sus dedos
cuando recorrían tu cuerpo,
y el de sus labios
besando los tuyos.
Y hasta el color de sus ojos olvidarás.
Y de nada servirán las fotografías,
tampoco los vídeos,
porque, cuando estés a solas,
con la luz apagada,
sentirás que esa persona ya no existe.
Solo será el recuerdo de un recuerdo.
Del mismo modo que este poema no es un poema,
solo es el recuerdo de un relato que nunca llegó a escribirse.

AIRE

Algunas noches olvido lavarme los dientes
antes de irme a dormir
y después tengo extrañas pesadillas.
Sueño que estoy en la calle,
en un parque.
Estoy con mi hija
y ella me llama,
pero no dice mi nombre.
Grita Jeremías,
o Facundo o Felisberto.
Un nombre extraño que no me pertenece,
pero que, al ser pronunciado por ella,
se vuelve mío.
Y camino hacia mi hija,
corro, realmente.
Y la agarro en brazos,
colocando mis manos bajo sus axilas,
y la levanto,
intentando acercarla a mí,
intentando estrecharla contra mi pecho,
pero no lo consigo.
Algo tira de ella con fuerza hacia el cielo.
Es como si fuera un globo que deseara ascender.
Y ella me mira asustada,

y yo la miro asustado,
y luego me despierto.

Aprendí a sonreír en las fotografías
una semana antes de perder una muela.
No la perdí, me la arrancaron.
El trabajo de dentista no ha evolucionado
demasiado en los últimos dos o tres siglos.
Solo hay que pararse a pensar en un teléfono móvil,
o en una licuadora
o en los limpiaparabrisas automáticos
o en los molinillos eléctricos de café
o en los dispensadores de agua.
La mujer que me arrancó la muela
tuvo que apoyar una de sus rodillas
en la silla reclinable en la que yo me encontraba
para extraerla. Aun así, no lo logró a la primera.
«Es por la raíz», me aseguró.
Y después siguió tirando con fuerza
hasta que lo consiguió.
Me dijo que le había costado sacarla por la raíz
y también me aseguró
que lo mejor de su trabajo
era poder hablar sabiendo que su interlocutor
no podría contestarla.
Le costó tanto trabajo arrancarme la muela
que, con el movimiento, se le salió
una cadena dorada del interior de la blusa.
Era una cruz,
sin un Cristo atornillado a ella.

Se quedó colgando por fuera,
rebotando contra su pecho una y otra vez.
Siempre que veo una cruz
recuerdo eso que dijo Ray Loriga
en uno de sus primeros libros:
«Si Jesús hubiera nacido en Texas
en el siglo XX, ahora todo el mundo
llevaría una silla eléctrica colgando del cuello».
Cuando por fin consiguió arrancarme la muela
me fijé en su frente: estaba perlada de sudor.
No sé si decir que tenía la frente perlada de sudor
es algo pasado de moda,
como el cóctel de langostinos,
o el Opel Calibra,
o las canciones de Tom Jones,
o *Punky Brewster.*

Conduje todo el camino de vuelta
introduciendo la lengua en el hueco
que la muela había dejado en mi encía.
Al llegar a casa, mi hija
me preguntó si me había dolido,
y yo le respondí que solo un poco.
«¿Me has traído un globo?»,
preguntó de pronto.
Lo hizo porque, cuando era ella
la que tenía que ir al dentista,
siempre le regalaban uno al terminar.
No era más que una pregunta inocente.
Pero ya la miré y no pude responder.

No dije nada.
Solo guardé silencio.
Un silencio como el vacío que se siente
antes del accidente que se ve venir.

VIDA

La vida se parece demasiado
a cuando estás en un restaurante
y sientes que hay un perro
bajo la mesa pidiéndote comida
y aunque sabes que eso es imposible
levantas un poco el mantel para mirar
y al hacerlo descubres
que allí abajo
ya no queda nadie.

EL HOMBRE QUE NO SOY YO

La primera vez que viví un terremoto
sentí como si unas manos gigantes
me estuvieran acunando.
Estaba leyendo una novela de Leonard Michels
en la que un grupo de hombres
forman un club sin saber muy bien su finalidad.
Y asisten regularmente.
Y se dedican a hablar.
Algunos cuentan sus problemas
y otros anécdotas de su pasado.
Estaba en Tepoztlán,
a unos cincuenta kilómetros de Ciudad de México
y a unos diez mil de casa.
Estaba en la terraza de un apartamento
que no era mío, leyendo un libro
que no me interesaba demasiado,
y el mundo comenzó a tambalearse.
Cuando el temblor se detuvo
salí a la calle y vi a la gente asustada,
llamando a los colegios
de sus hijos y a los trabajos de sus parejas
para comprobar que todo estaba en orden.
Me daba vergüenza ser la única persona
que permanecía impertérrita

tras el terremoto, así que saqué mi teléfono móvil
y estuve mirando su pantalla negra durante un rato.
No tenía a quién llamar.

Cuando de pequeño suspendía alguna asignatura
mi madre simulaba enfadarse
y me castigaba por las tardes,
me obligaba a quedarme dentro de mi cuarto
durante una hora, o puede que dos,
mientras ella miraba la televisión.
Yo me sentaba frente al escritorio
y desde allí escuchaba las risas enlatadas
de *Las chicas de oro*
o de *Los problemas crecen*
o de *Enredos de familia.*
También a los concursantes
que golpeaban con fuerza
el pulsador y acertaban
o fallaban preguntas,
y al público que aplaudía indistintamente.
Lo hacían cuando el concursante acertaba
y también cuando se equivocaba.
El público era un poco como mi madre,
que me encerraba en la habitación
durante una o dos horas
porque había suspendido matemáticas o geografía,
aunque, en el fondo, le daba un poco igual
lo que yo hiciera allí dentro.
A mi madre nunca se le dio
del todo bien ser mi madre,

del mismo modo que yo nunca logré sacar
buenas notas en matemáticas o en geografía.
Ni siquiera en plástica.

La primera casa en la que viví
después de haberme divorciado
tenía seis platos naranjas de Duralex.
Una noche me los llevé a la cama
y desde allí los fui arrojando al suelo.
No lo hice tirándolos con fuerza,
más bien como si le estuviera lanzando un *frisbee* a un perro.
Solo se rompieron dos.
En el piso de arriba de aquella casa
vivía un tipo al que le faltaban todos los dientes.
Tenía una novia ucraniana
y pasaban algunas noches en vela hablando.

Acaba de llegarme a casa
una caja de cartón
que contiene una docena de ejemplares
de mi última novela.
Me las envía mi editorial.
En la portada puede verse al protagonista:
un tipo que ha perdido una pierna
y ha perdido a su mujer y a su hija.
Un tipo que lo ha perdido todo.
Parte de la historia transcurre en Tepoztlán,
el resto tiene lugar en un apartamento pequeño
en el que sus antiguos inquilinos
olvidaron llevarse seis platos de Duralex de color naranja.

La historia que se cuenta en el libro
es una historia de venganza.
El protagonista quiere asesinar a su vecino,
un hombre al que le faltan todos los dientes.
Cuando me preguntan, siempre digo lo mismo:
aseguro que pese a Tepoztlán
y a los platos de Duralex
y al hombre sin dientes
y a su novia ucraniana,
la novela es una obra de ficción.
Lo es porque el protagonista no soy yo.
El protagonista es un ser despreciable,
ególatra, engreído, envidioso…

Y eso debería diferenciarlo de mí.

EN EL DESCUENTO

A mi abuelo lo atracaron cuando regresaba
de ver un partido del Real Madrid.
«Por lo menos ganamos».
Eso fue lo que me dijo cuando fui a visitarlo.
Lo dijo en plural,
como si él o yo mismo hubiéramos
tenido algo que ver en el resultado.
Un golpe en la rodilla
y otro en la frente.
Nada grave.
Había bajado al bar de la esquina
para ver el fútbol.
El Madrid iba perdiendo
pero remontó con dos goles en el descuento.
Como hace siempre,
con esa indolencia de los equipos
acostumbrados a la heroica.
Los niños no deberían ver los partidos
del Real Madrid porque solo sirven
para distorsionarles la realidad.
Por eso crecemos confiando en que nuestras vidas
también mejorarán en el descuento,
pero la mayoría de nosotros moriremos
antes del minuto 90.

Cuando el Madrid marcó el segundo gol,
mi abuelo le dio un beso a la cruz de oro
que colgaba de su cuello
para agradecerle a Dios que Benzema,
o Higuaín, o Cristiano Ronaldo
hubieran remontado
el partido en el descuento.
El ladrón debía estar en el bar
y tuvo que verlo sacando su cadena de oro.
Mi abuelo es de esas personas
que solo creen en Dios y en el Real Madrid.
Quizá por eso le robaron.

El ladrón le siguió unos veinte o treinta metros
cuando el partido terminó,
y luego se acercó tanto como pudo a él
y tiró con fuerza de su cadena de oro
hasta que la cruz desapareció del cuello de mi abuelo,
de la misma forma en que desaparece la cadena
del reloj de Pozzo algunos poemas atrás.
Solo que por allí no estaban ni Estragón ni Vladimir
para ayudar a mi abuelo.

Se cayó al suelo por el susto
y se golpeó en la rodilla.
También en la frente.
Nada grave.
«Podía haberme matado», me dijo.
Yo lo miré en silencio y no supe qué responder
porque, a decir verdad,

no sabía muy bien si quería decir que
era el ladrón el que podía haberlo matado,
o que podía haberse matado él accidentalmente por la
caída.
Dijo eso y también lo de que al menos habíamos ganado.
Nadie se muere tropezándose con un bordillo,
pero, aun así, sentí lástima por él,
tumbado en la cama
con una venda en la rodilla
y otra en la cabeza.
Parecía un soldado abatido
en un hospital de campaña.
Fue entonces cuando le prometí
que ya no tendría que salir más de noche
para ver al Real Madrid remontar en el descuento.
Le aseguré que yo me encargaría
de contratar un servicio de televisión por cable
y pagar la cuota cada mes.
«¿Me lo prometes?», me preguntó.
Lo hizo con ese tono tan característico
de los niños que quieren saber si
existen los Reyes Magos,
o el ratoncito Pérez,
o Santa Claus.
De pronto rompió a llorar.
No supe cómo actuar.
Pensé en darle un abrazo
o en sentarme a su lado,
pero, al final, no hice nada.
Me quedé quieto. De pie. Frente a él.

En ese momento me di cuenta
de que nunca lo había visto llorar.

La muerte solo es importante
cuando la gente muere poco a poco,
de uno en uno,
o de dos en dos.
Cuando las personas mueren por cientos
o por miles,
es muy difícil escapar de las estadísticas;
de la frialdad de los números.

Mi amiga Matilde pasó dos años enteros
sin entrar en un bar.
Le daba miedo ser una de las miles de personas
a las que el coronavirus mataba cada día.
Si quedabas con ella,
te obligaba a sentarte en la terraza.
Lo hacía aunque estuviera lloviendo.
También lavaba con agua y jabón las monedas
que le devolvían en el supermercado cuando hacía la compra.
Y cada tres o cuatro horas se cambiaba la mascarilla,
introduciéndola en una bolsa de plástico
antes de desecharla,
como se hace con esos cadáveres
que aparecen flotando junto a la orilla de un río
en las películas policíacas.
Durante esos dos años,
cuando estabas sentado junto a ella

en la terraza de un bar,
solía quedarse un largo rato
mirando y juzgando a los clientes
que decidían consumir sus bebidas
en el interior del local.
«No puedo creer lo poco que valoran su vida»,
nos decía siempre.
Lo decía con tal solemnidad
que a mí me recordaba a mi abuelo
cuando aseguraba haber estado a punto de morir
tras tropezarse con el bordillo de la acera.
Nos lo decía y, al terminar,
sacaba una pitillera de su bolso y se encendía un cigarrillo.
Y es que a mi amiga Matilde le gustaba hablar
de la imprudencia de los demás fumando.
Daba una calada
y después otra
y luego otra más.
Primero inhalaba el humo con fuerza
hacia el interior de sus pulmones,
y luego nos lo escupía a la cara.
Así durante dos años.
Escupiendo humo y sermones
a todos los que estábamos a su alrededor.
Ahora ya no lo hace.
Ahora ya sí entra en los bares
y solo sale de ellos cuando quiere fumar.

Cuando le arrancaron la cadena de oro
mi abuelo tenía 83 años.

Lo recuerdo porque, antes de prometerle
que me haría cargo del pago
de la televisión por cable,
pensé en el tiempo que tardaría en morir.
Dos años.
Quizá tres.
Cuatro como mucho.
Ayer mi abuelo cumplió 89.
Sigue vivo.
Durante los dos años que pasó mi amiga Matilde
fumando en las terrazas de los bares
se calcula que el coronavirus
acabó con la vida de unas 150 000 personas
solo en España.
En ese mismo período, el tabaco enterró
a unos 10 millones de individuos.
Pero mi abuelo sigue vivo
y el Real Madrid sigue remontando en el descuento
los partidos que pierde durante 90 minutos.
Mi regalo de cumpleaños
ha sido confesarle la verdad.
Le he dicho que me comprenda,
que a estas alturas ya debería llevar
al menos un par de años muerto,
pero que con su vida ocurre un poco lo mismo
que con los partidos del Real Madrid,
que es como si el descuento no fuera a terminar nunca.
Le he dicho eso
y también que el próximo mes
ya no seguiré pagándole la televisión por cable.

Me gano la vida escribiendo.
Uno no se hace rico
inventando poemas y cuentos.
Le he pedido que no me odie
explicándole que, en el fondo,
la culpa es un poco suya.
Si se hubiera muerto cuando tocaba,
ahora ninguno de los dos
tendría que estar viviendo una situación
tan desagradable.
Esta vez no ha llorado.
O tal vez sí.
Me he ido antes de poder comprobarlo.

Podría continuar escribiendo versos.
Pero creo que lo mejor es terminar aquí,
ya que nada de lo que pueda añadir
serviría para explicar mejor el tipo de persona que soy
que esta historia que acabo de contar.

ÍNDICE

Esta primera edición de *¿Qué harías si yo muriera?*
se acabó de imprimir en Madrid, el día 28
de marzo de 2025, coincidiendo con el
fallecimiento de Miguel Hernández
en Alicante en 1942.